BEI GRIN MACHT SICH IHR WISSEN BEZAHLT

- Wir veröffentlichen Ihre Hausarbeit,
  Bachelor- und Masterarbeit

- Ihr eigenes eBook und Buch -
  weltweit in allen wichtigen Shops

- Verdienen Sie an jedem Verkauf

Jetzt bei www.GRIN.com hochladen und kostenlos publizieren

Sabine Neureiter

Bestattung und Totenkult der Beamten des Alten Reiches in Giza

GRIN Verlag

Bibliografische Information der Deutschen Nationalbibliothek:

Die Deutsche Bibliothek verzeichnet diese Publikation in der Deutschen National-
bibliografie; detaillierte bibliografische Daten sind im Internet über http://dnb.d-
nb.de/ abrufbar.

Impressum:

Copyright © 2010 GRIN Verlag GmbH
Druck und Bindung: Books on Demand GmbH, Norderstedt Germany
ISBN: 978-3-656-50597-6

Dieses Buch bei GRIN:

http://www.grin.com/de/e-book/262205/bestattung-und-totenkult-der-beamten-
des-alten-reiches-in-giza

Bestattung und Totenkult
der Beamten des Alten Reiches in Giza

Erstmals publiziert in:
Kemet - Die Zeitschrift für Ägyptenfreunde,
Giza,
Bd. 2, 2010, Kemet Verlag, Berlin, 9ff
(www.kemet.de)

von

Sabine Neureiter, M.A.

Vorwort

Bei meinen Kemet-Artikeln handelt es sich um Texte, in denen ich versuche auf wenigen Seiten viele Informationen zu liefern. Der inhaltliche Rahmen ergibt sich aus dem Titel-Thema der jeweiligen Kemet-Ausgabe. Alle Artikel in den Kemet-Magazinen sind bebildert; die Fotos ergänzen die Texte.

Mir war bei jedem einzelnen Artikel wichtig, nicht lediglich schon bekannte und überall nachzulesende Informationen zusammenzustellen und nachzuerzählen. Ich betrachte alle Themen aus einer über den Tellerrand der Ägyptologie hinausgehenden Perspektive und stelle oftmals Thesen in den Raum, die eine Diskussion anstoßen sollen. Es handelt sich dabei aber immer um begründete und nicht aus der Luft gegriffenen Überlegungen.

Für viele meiner Artikel bilden ethnologische, soziologische oder religionswissenschaftliche Ansätze den Rahmen, um alternative Sichtweisen zu ermöglichen. Dabei gehe ich durchaus – aus ägyptologischer Sicht – etwas provokativ an ein Thema heran. Aber immer nur mit dem Ziel, neue oder unbekanntere Aspekte darzustellen.

Um altbekannter Kritik von vornherein entgegenzutreten: Grundsätzlich ist ein über räumliche und zeitliche Grenzen hinwegreichender Kulturvergleich ebenso statthaft wie ein sich ausschließlich an die Originalquellen haltender Versuch, Erkenntnisse über die altägyptische Kultur zu gewinnen. Das Argument, es handle sich bei dem einen um eine anachronistische und bei dem anderen um die einzig akzeptable Vorgehensweise, greift nicht. Denn schließlich findet auch das sprachwissenschaftlich fundierte Interpretieren einer altägyptischen Originalquelle alles andere als zeitnah zu ihrer Entstehung statt. Und eine Quelle aus der ägyptischen Spätzeit ist immerhin auch schon zweitausend Jahre jünger als etwa eine aus der Pyramidenzeit, so dass die Interpretationsergebnisse der jüngeren Quelle als anachronistisch bewertet und zum Verständnis der älteren nicht herangezogen werden dürften, wollte man dieser Argumentation folgen.

Nicht nur der Kulturvergleich, sondern gerade auch der interdisziplinäre Ansatz erweitert unseren Verstehenshorizont. Dann finden sich Antworten auf Fragen, die sich aus ägyptologischer Sicht nie stellen würden und werfen Licht auf unbeachtete oder unbekannte kulturelle Phänomene. Auch scheinbar wissenschaftlich längst bearbeitete Bereiche müssen immer wieder auf den Prüfstand; allein, weil jedem Wissenschaftler und jeder Wissenschaftlerin eine subjektive Sichtweise zueigen ist und jeder Versuch, Subjektivität aus der Arbeit auszuschließen und reine Objektivität walten zu lassen, niemals gelingen kann.

Letztendlich kann es immer nur darum gehen, ein weiteres kleines Fenster zum Verständnis der altägyptischen Kultur aufzustoßen.

Bestattung und Totenkult der Beamten
des Alten Reiches in Giza

Einleitung

Bei den Inhabern und Inhaberinnen der Beamtengräber der Königsnekropole von Giza handelte es sich um die herrschende Elite des Alten Reiches. Die Verstorbenen waren die Repräsentanten der obersten gesellschaftlichen Ränge. Bis zum Ende der 4. Dynastie waren es Mitglieder der königlichen Familie, später vor allem nichtkönigliche Beamte, die im Auftrag des Königs das Land verwalteten. Viele hatten aufgrund ihrer beruflichen Pflichten die größte Nähe zum König, wie etwa Frisöre oder Handpfleger, was alleine schon ihre hohe soziale Stellung rechtfertigte. Die Gräber und der Totenkult der Beamten waren nicht zu vergleichen mit denen der Menschen der unteren sozialen Schichten. Für die Sicherung ihres jenseitigen Lebens wurde ein ungleich höherer Aufwand betrieben. Und da sie eine Erziehung und Ausbildung am Königshof und in den königlichen Institutionen genossen hatten, waren auch ihre Jenseitsvorstellungen elitärer Natur und ausgesprochen materiell ausgerichtet. Die „Idealkonzepte der Elitekultur" hatten „den wohlhabenden Mann und Familienvater im Blick, der nach einem erfüllten Leben im Dienst des Staates starb".[1]

Die Beamtengräber des Alten Reiches in Giza

Die Beamtengräber in Giza waren zumeist Mastabas, gegen Ende des Alten Reiches wurden aber vermehrt Felsgräber angelegt. Die Grabbesitzer waren vor allem Männer, aber es gab auch Frauen, die Inhaberinnen eigener Gräber waren. Während unter Cheops die Mitglieder der königlichen Familie östlich seiner Pyramide auf dem sog. Ostfriedhof bestattet wurden, befanden sich die Mastabas der Beamten auf dem Westfriedhof. Die unterirdischen Anlagen der Gräber waren für die sichere Aufbewahrung des Leichnams bestimmt, die oberirdischen für den Totenkult, der ab der 5. Dynastie immer individueller und monumentaler gestaltet wurde.

Bis zum Ende der 4. Dynastie wurden die bedeutendsten Positionen im Staat von den männlichen Mitgliedern der königlichen Familie besetzt,[2] insofern sagte zu dieser Zeit die Größe eines Grabes etwas über den Verwandtschaftsgrad des Verstorbenen zum König und damit auch über seinen gesellschaftlichen Rang aus. So ist etwa die Mastaba des Hem-iunu (G 4000), auf dem Westfriedhof errichtet, eine der größten in Giza überhaupt. Hem-iunu war ein Enkel Snofrus und Wesir unter Cheops und somit der zweite Mann im Staat; und er war einer der maßgeblichen Architekten der Cheops-Pyramide. Seine Statue befindet sich heute in

---

[1] Stephan Seidlmayer, Vom Sterben der kleinen Leute. Tod und Bestattung in der sozialen Grundschicht am Ende des Alten Reiches, in: Heike Guksch/Eva Hoffmann/Martin Bommas (Hg.), Grab und Totenkult im Alten Ägypten, FS Assmann, 2003, 73

[2] S. Aidan Dodson/Dyan Hilton, The Complete Royal Families of Ancient Egypt, 2004, 56ff

Hildesheim. Die größte Mastaba des Ostfriedhofs gehört Anch-haf (G 7510), wie Cheops ein Sohn Snofrus. Er war Wesir unter Chefren. Seine Büste befindet sich in Boston.

Wie im Diesseits war der Beamte auch im Jenseits von der Gunst des Königs abhängig. Der König genehmigte nicht nur den Bau eines Grabes, sondern gewährte auch die Ausstattung mit steinernen Bauelementen wie Scheintür oder Sarkophag. Die Außenseiten der Sarkophage waren oftmals wie die eines Palastes gestaltet, den der Verstorbene im Jenseits bewohnen sollte. Und der König sorgte für die jenseitige Versorgung seiner Untergebenen. Er ließ sie an den königlichen Opfergaben teilhaben. Die in allen Gräbern zu lesende Opferformel des Alten Reiches beginnt entsprechend mit den Worten: „Ein Opfer, das der König gibt". Doch schon während „der späten 4. Dynastie versiegte die Zuwendung seitens des Königs und die Einleitungsphrase des Totenopfergebets wurde zum Stereotyp ohne realen Anspruch. Es war der Krone unmöglich geworden, tatsächlich für alle Bestattungen aufzukommen, und damit brach auch die topographische Bindung zwischen Königs- und Privatgrab, die die Nekropolenfelder der frühen 4. Dynastie kennzeichnete, auseinander".[3] Die Beamten bekamen für ihre Dienste zu Lebzeiten vom König Domänen zugewiesen und mussten nun aus ihrem Privatbesitz Opferstiftungen für ihren Totendienst bilden. Priester wurden eingestellt, die aus den Erträgen des Stiftungsgutes bezahlt wurden und den Totenkult des Grabherrn zu vollziehen hatten. Nachzulesen ist dieses Verfahren in der „Lehre des Djedefhor", einem Sohn Cheops', dessen Mastaba (G 7210 + G 7220) sich auf dem Ostfriedhof befindet.[4]

Da die Beamten - wie die unteren sozialen Schichten schon von jeher - seit der späten 4. Dynastie selbst für ihre jenseitige Versorgung Sorge tragen mussten, ließen sich viele, obwohl die Königsnekropole nach der 4. Dynastie nach Abusir bzw. Sakkara verlegt wurde, nicht in der Nähe der Pyramiden ihrer jeweiligen Herrscher, sondern weiterhin in Giza bestatten. „Viele zogen es vor, in der Nähe ihrer Wirkungsstätte begraben zu werden - also bei einer bestimmten königlichen oder privaten Grabanlage, an der sie als Totenpriester oder Tempelpersonal angestellt waren".[5] So ließen sich auch Qar (G 7101), ein Beamter der 6. Dynastie, der zur Zeit Pepis I. im Totenkult von Chefren und Mykerinos tätig war und sein Sohn (oder Vater) Idu (G 7102), ein Schreiber in der Verwaltung Pepis I., auf dem Ostfriedhof in Giza bestatten.

Eine Begleiterscheinung der notwendig gewordenen „Selbst-Finanzierung" ihrer Gräber war ab der 5. Dynastie die Familiengrabanlage. Große Grabkomplexe, die nicht mehr nur einer Person bzw. einem Ehepaar, sondern durch Anbau und Erweiterung über mehrere Generationen auch den Nachfahren und dem Haus- und Dienstpersonal als letzte Ruhestätte dienten. Bekannt ist die Grabanlage der Familie von Seschem-nefer II. (G 5080). Die Grabkammer seines Sohnes Seschem-nefer III. (G 5170) ist heute in Tübingen zu besichtigen.[6] Ein weiterer bekannter Grabkomplex ist der der Familie des Ka-ni-nisut I. (G

---

[3] Peter Jánosi, Die Gräberwelt der Pyramidenzeit, 2006, 34

[4] S. Hellmut Brunner, Altägyptische Weisheit. Lehren für das Leben, 1988, 101ff

[5] Jánosi, Gräberwelt, 80

[6] S.a. Emma Brunner-Traut, Die altägyptische Grabkammer Seschemnofers III. aus Gisa, 1995

2155), dessen Kultkammer sich heute in Wien befindet.[7] Beide Anlagen wurden auf dem Westfriedhof errichtet.

Die Zeit der Transformation bis zur Bestattung

In der Zeit vom Tod bis zur Bestattung dienten alle Kulthandlungen dazu, den Verstorbenen in eine andere Erscheinungsform zu überführen. Er sollte als Ach in eine jenseitige Daseinsform übergehen und die Rituale ermöglichten ihm den Übergang. Es war die Pflicht des ältesten Sohnes als Erbe des Verstorbenen die notwendigen Kulthandlungen und Rezitationen durchzuführen. Aufgrund der Komplexität der rituellen Aufgaben, war dies aber nur in Zusammenarbeit mit spezialisierten Priestern möglich.

Der Mensch des Alten Ägypten setzte sich aus mehreren Personaspekten, wie Jan Assmann sie nennt, zusammen: der zur „Leibsphäre" gehörende Ba und der Schatten und der zur „Sozialsphäre" gehörende Ka und der Name. Im Tod lösten sich diese Personaspekte vom Körper - der Mensch zerfiel. Jan Assmann spricht von „Dissoziation".[8] Bis zur Bestattung des Verstorbenen standen idealerweise 72 Tage zur Verfügung, während derer der Leichnam balsamiert wurde und die abhanden gekommene Personaspekte zum Körper zurückfinden konnten. Erst das Wiederzusammenkommen aller Personaspekte im Körper verlieh dem Verstorbenen die Lebenskraft, die ihm ein jenseitiges Leben als Ach ermöglichte. Aus diesem Grund war die Erhaltung des Körpers - und des Herzens als Sitz der Weisheit und des Gedächtnisses - so außerordentlich wichtig. Allerdings war auch eine Statue, eine Darstellung des Verstorbenen oder einfach nur sein niedergeschriebener Name als Ersatz für seinen Körper ausreichend, denn Bilder und Schriftzeichen hatten magische Kraft und waren das, was sie abbildeten.

Die Rituale bis zur Bestattung der Beamten

Nachdem der Verstorbene über den Nil ins Reinigungszelt zum Westufer gebracht worden war, überführte man ihn in die Balsamierungsstätte. Hier wurde der Leichnam präpariert - von einer Mumifizierung kann im Alten Reich noch keine Rede sein. Rumpf, Gliedmaßen und Kopf wurden mit Leinenstreifen umwickelt. „Auch die Kleidung wurde in Leinen nachgebildet. Männer trugen einen kurzen Schurz, Frauen lange, eng anliegende Kleider. Man bemühte sich mit allen Mitteln, die Körper so lebensgetreu wie nur irgend möglich herzurichten".[9] Zuvor waren die Eingeweide aus dem Körper entfernt und der Leichnam mit Hilfe von Natron ausgetrocknet worden. Die Eingeweide wurden separat in Leinen gewickelt und als Paket verschnürt ins Grab mitgegeben. Noch in der Balsamierungsstätte wurde der Leichnam in den Sarg gelegt.

---

[7] S.a. Regina Hölzl, Die Kultkammer des Ka-ni-nisut im Kunsthistorischen Museum Wien, 2005

[8] Jan Assmann, Tod und Jenseits im Alten Ägypten, 2001, 116ff

[9] Renate Germer, Mumien. Zeugen des Pharaonenreiches, 1991, 32

Alle Handlungen wurden von Priestern durchgeführt und liturgisch begleitet und damit vom profanen Geschehen in ein sakrales transzendiert. Die Priester übernahmen verschiedene Rollen, die sie als Handelnde in die Götterwelt erhoben. Der Sem-Priester übernahm die Rolle des ältesten Sohnes, der Balsamierer war Anubis und der Vorlesepriester war Thot. Jeder an den Ritualen Teilnehmende war Teil dieser sakralen Geschehnisse, die den Verstorbenen in einen Ach verwandelten, in einen verklärten Toten.

Nach 72 Tagen wurde der Sarg in einer Prozession von der Balsamierungsstätte zum Grab transportiert, was ebenfalls seine Entsprechung in der jenseitigen Daseinssphäre hatte. Die unterirdische Sargkammer wurde als ewige Wohnstätte des Verstorbenen verstanden, denn das nichtkönigliche Jenseits lag unter der Erde - im Gegensatz zum königlichen Jenseits, das sich im Himmel bei dem Sonnengott Re befand. In der Unterwelt herrschte der Totengott Osiris, dessen Bedeutung zum Ende des Alten Reiches hin immer größer wurde, denn die Identifizierung des Verstorbenen mit Osiris sicherte seine Wiederauferstehung und ein Leben nach dem Tod. Der Transport des Leichnams zur Nekropole wurde mythisch als Weg in den „Schönen Westen" ausgelegt, der jenseitig mit einem Schiff zurückgelegt und im Grab abgebildet wurde.[10]

Während dieser 72 Tage war auch die sog. Ka-Statue des Verstorbenen fertig gestellt worden. Am Grab wurde an der Statue - als Ersatz für den Leichnam - die sog. Mundöffnung durchgeführt. Vor der Statue wurde geräuchert, eine Reinigung und eine Schlachtung durchgeführt. Mit speziellen Werkzeugen wurden dann der Mund und die Augen der Statue berührt und damit rituell geöffnet.[11] Die Statuenkammer (der Serdab) war bis Mitte der 5. Dynastie wie die unterirdische Sargkammer nur über einen Schacht vom Grabdach aus zugänglich. Bevor also der Sarg und die Statue ins Grab hinab gelassen werden konnten, mussten sie auf das Dach der Mastaba gebracht werden, wo weitere Verklärungsrituale vollzogen wurden. Der Aufstieg aufs Dach symbolisierte zugleich den Himmelsaufstieg des Verstorbenen, die Voraussetzung für seine Teilnahme am Sonnenlauf. Es ist sicher, dass sich diese Vorstellungen aus dem königlichen Jenseitsglauben ableiteten und direkt aus dem königlichen Umfeld stammten. Abgebildet findet sich das Ritual im Felsgrab des Debeheni (LG 90) in Giza aus der 5. Dynastie.[12]

Auch die Rituale auf dem Dach wurden vor der Statue vollzogen - stellvertretend für den Leichnam. Nachdem der Sarg in das Grab hinab gelassen worden war, wurde hier - ebenso wie vor der Ka-Statue, die sich nun im Serdab hinter der Scheintür befand - ein Totenopfer vollzogen. Das zeigen Funde auf den Schachtsohlen vor den Eingängen zu den Sargkammern. So fand man etwa am Grund des Schachtes im Grab des Hem-iunu einen vor der Verfüllung deponierten Rinderschädel.[13]

---

[10] S. Hartwig Altenmüller, Das tägliche Leben in der Ewigkeit - Mastabas und Felsgräber der Beamten, in: Regine Schulz/Matthias Seidel (Hg.), Ägypten. Die Welt der Pharaonen, 1997, 89ff

[11] Der zerbrechliche Leichnam wurde während des Alten Reiches sicher nicht aus dem Sarg genommen, s. Nicole Alexanian, Ritualrelikte an Mastabagräbern des Alten Reiches, in: Daniel Polz/Heike Guksch (Hg.), Stationen. Beiträge zur Kulturgeschichte Ägyptens, FS Stadelmann, 1998, 8, Anm. 8

[12] S. Nicole Alexanian, Himmelstreppen und Himmelsaufstieg. Zur Interpretation von Ritualen auf Grabdächern des Alten Reiches, in: Guksch/ Hoffmann/ Bommas, Grab und Totenkult, 27ff

[13] Nicole Alexanian (in: Polz/Guksch, Stationen, 17) bringt dies mit den sog. Ersatzköpfen, die man in den

Der Totenkult der Beamten

Die ältesten unter Cheops in Giza errichteten Mastabas waren massive Bauten ohne innere Kammern und also auch ohne dekorierte Wände. Es gab lediglich eine einfache Nische in der östlichen Außenfassade des Grabes, wo eine Grabplatte, vor der geopfert werden konnte, eingelassen war. Auf diesen Grabplatten war das Notwendigste verzeichnet, was - bildmagisch wirkend - für ein jenseitiges Leben gebraucht wurde: der Tote am Opfertisch sitzend, sein Name, seine Titel, Opfergaben in Form von Abbildungen und Text und zudem Listen verschiedener Textilien. Ein schönes Beispiel ist die Grabplatte des Wep-em-nefret (G 1201), die sich heute in Berkeley befindet. Wep-em-nefret war vermutlich einer der ersten Grabinhaber auf dem Westfriedhof, denn seine Mastaba befindet sich weit westlich der Cheops-Pyramide. Er war unter Cheops Leiter im Konstruktionsbüro und hatte wohl die technische Aufsicht über das Baugeschehen in Giza. In Hildesheim befindet sich die Grabplatte des Iunu (G 4150). Er war Aufseher der Arbeiterschaft beim Bau der Cheops-Pyramide.

Noch unter Cheops wurden diese Kultstellen nach innen verlegt. Eine Scheintür, die ins Jenseits führte, wurde als Opferstelle an der Westwand der Kultkammer angebracht. Hinter ihr befand sich der Serdab für die Ka-Statue, die durch einen Sehschlitz mit der Kultkammer verbunden war. Empfänger des Opfers war der in der Statue einwohnende Ka des Verstorbenen, der durch die Scheintür vom Jenseits ins Diesseits hin und her wechseln konnte. Ab Mitte der 4. Dynastie wurden die Kultkammern in den Mastabas zunehmend größer, so dass mehr Platz für die Dekoration zur Verfügung stand. Im Prinzip gab es zwei große Themenbereiche, in deren Zentrum immer der Grabherr stand: Szenen der Außenwelt (aus dem täglichen Leben), wie Fisch- und Vogelfang, Landwirtschaft, Viehzucht und Handwerk. Und Szenen der Innenwelt (des häuslichen und jenseitigen Bereichs), wie etwa der Tote vor dem Opfertisch sitzend, seine Familie und sein Personal, und Szenen wie die Jagd im Papyrusdickicht oder die Fahrt in den „Schönen Westen". Die Außenwelt, wo die Opfer- und Grabbeigaben hergestellt wurden, wurde üblicherweise auf der Nord- und Ostwand der Kultkammer abgebildet, die innerweltlichen Themen, die zeigen wie diese Gaben dargebracht wurden, auf der Süd- und Westwand. Alle diese Szenen wurden von einer überdimensionalen Abbildung des entweder zuschauenden oder empfangenden Grabherrn abgeschlossen. Die Eingangstür von der Außenwelt in die Kultkammer befand sich in der Ostwand. Die Abbildung der Herstellung und Darbringung der Opfer- und Grabbeigaben garantierte unabhängig vom diesseitigen Totenopferkult auf magische Weise die Versorgung des Grabherrn und die Aufrechterhaltung seiner gesellschaftlichen Position in der jenseitigen Daseinssphäre, reale Grabbeigaben waren nicht mehr notwendig.

Zu dem Namen und den Rang- und Amtstiteln des Grabinhabers kamen ab der 5. Dynastie noch Biografien und Erzählungen hinzu, die auf den Wänden aufgezeichnet wurden und an die Persönlichkeit und die Leistungen des Verstorbenen erinnerten. Außerdem wurden von da an in den Gräbern vermehrt Statuenräume angelegt. Der oberirdische Mastabakern wurde quasi ausgehöhlt. Statt eines Serdabs gab es nun betretbare Statuenkammern, Lichthöfe und

---

Grabschächten gefunden hat, in Verbindung, die allerdings nur unter Cheops auftauchen und deren Funktion völlig unklar ist.

Pfeilerhallen mit einer Vielzahl von Rundbildern des Grabherrn in Statuennischen. Jetzt wurde direkt vor den Statuen geopfert und dieser Statuenkult übertraf allmählich den Totenopferkult in der Kultkammer vor der Scheintür. Es entwickelte sich ein Verehrungskult anhand eines Statuenprogramms und aus den Gräbern wurde eine Mischung aus Grabtempeln und Grabpalästen. So befanden sich im Grab des Rawer, Sohn des Itisen, eine zwischen den Aufwegen zu den Pyramiden von Chefren und Mykerinos gelegene Anlage monumentalen Ausmaßes, vermutlich mehr als 100 Rundbilder von sich und seiner Familie, weshalb Peter Jánosi auch von einem Statuenpalast spricht.[14] Rawer begann seine Laufbahn als königlicher Frisör unter Sahure.

Im Verlauf der 6. Dynastie wurde das oberirdische Bildprogramm auch in den unterirdischen Grabbereich übernommen. Texte und Darstellungen fanden sich von nun auch auf den Wänden der Sargkammer und auf den Sarkophagen. „Die Trennung zwischen sichtbarem Verehrungskult im betretbaren Grabbereich und die Ausrichtung auf die (unsichtbare) jenseitige Wohlfahrt des Grabherrn im unterirdischen Grabbereich wird immer deutlicher".[15] Im zugänglichen oberirdischen Bereich des Grabes fand eine Kommunikation zwischen den Lebenden und dem Toten statt. Der Verstorbene blieb auf diese Weise Teil seines diesseitigen sozialen Umfeldes. Sein Ka und sein Name, die Personaspekte der Sozialsphäre, waren die Medien, die diese Teilhabe garantierten. Dem einen wurde geopfert, dem anderen gehuldigt.

---

[14] Jánosi, Gräberwelt, 92

[15] Jánosi, Gräberwelt, 114